AF298645

JOANNY BRICAUD

LA

PETITE ÉGLISE

ANTICONCORDATAIRE

SON HISTOIRE — SON ÉTAT ACTUEL

Prix : 0,50 centimes

Lucien BODIN, Libraire
5, rue Christine
PARIS
1906

JOANNY BRICAUD

LA
PETITE ÉGLISE

ANTICONCORDATAIRE

SON HISTOIRE — SON ÉTAT ACTUEL

Prix : 0,50 centimes

Lucien BODIN, Libraire
5, rue Christine
PARIS
—
1906

LA PETITE ÉGLISE

ANTICONCORDATAIRE

Un petit groupe d'hommes garde héréditairement en France, depuis plus d'un siècle, une attitude religieuse, transmise des pères aux enfants, entretenue par des habitudes de vie et d'éducation, et dont l'originalité procède surtout de scrupules de conscience et de règles de conduite.

Ils forment ce qu'on appelle la Petite Eglise. L'origine de la Petite Eglise remonte à 1801, époque à laquelle fut conclu le Concordat entre le Pape Pie VII et le premier consul Bonaparte. Elle constitue, à proprement parler, le schisme des anticoncordataires.

Pour bien comprendre ce mouvement, il n'est pas inutile de rappeler quelle était autrefois la constitution de l'Eglise de France.

Depuis le Concordat de François Ier, l'ancien épiscopat était à la nomination du roi. De plus, l'évêque, une fois investi, trouvait son siège doté de ressources dont il avait la pleine disposition et qui suffisaient amplement aux besoins de sa charge. Si, de l'épiscopat nous passons au clergé, nous constatons que les postes à la collation de l'évêque étaient en petit nombre ; la nomination de la plupart des prêtres appartenait à des collégiales, des abbés ou prieurs, et même à des laïques, sous réserve toutefois de l'institution canonique des évêques. Mais tous étaient inamovibles et ne pouvaient être déchus que pour indignité, après un jugement en forme rendu par les tribunaux ecclésiastiques et avec droit d'appel aux tribunaux civils.

Avec le Concordat conclu par Bonaparte, surgissait une nouvelle organisation fort différente de l'ancienne.

Aussi, l'esprit public ne s'y trompa point. Pour les masses, les évêques n'étaient plus désormais que des fonctionnaires chargés par le gouvernement de l'administration spirituelle d'une circonscription territoriale, recevant un traitement du trésor, soumis aux lois de l'avancement, et n'ayant à espérer cet avancement que du pouvoir politique.

Les chanoines, prêtres et desservants n'apparaissaient plus comme les coopérateurs des évêques, mais plutôt comme leurs agents, nommés par eux seuls, pouvant être déplacés et révoqués à leur gré.

Tandis que le plus grand nombre, exclusivement épris des formes extérieures, saluait dans le Concordat de 1801, le rétablissement du culte catholique, d'autres, plus réfléchis, impressionnés par les termes du traité que Bonaparte avait arraché au Pape, ne se firent pas d'illusions. C'était la liberté de conscience qui se trouvait confisquée, du même coup qui supprimait l'inamovibilité du clergé.

Ce mouvement de défiance se produisit dans beaucoup de consciences, mais il n'aurait peut-être pas franchi les limites du *for intérieur*, s'il n'avait rencontré dans certains milieux des conditions favorables à son expansion.

On sait que le gouvernement avait fait table rase de l'ancienne organisation ecclésiastique. Une nouvelle délimitation des diocèses, réduits de 156 à 60, fut arrêtée par le Pouvoir civil. Le Saint Siège s'engagea à ne reconnaître pour titulaires des nouveaux diocèses que les ecclésiastiques qui lui seraient désignés par le premier Consul. Les autres étaient considérés comme démissionnaires.

Des 96 évêques dépossédés, 36 refusèrent de donner la démission qui leur était imposée, invoquant l'autorité du Concile de Trente et la tradition constante de l'Eglise catholique, où le principe de l'inamovibilité de l'épiscopat a toujours été professé.

Ils protestèrent auprès du Pape Pie VII, par la publication, d'abord en mai 1802, du *Mémoire des Evêques Français*[1] ; puis, en avril 1803, des *Réclamations canoniques*[2].

Les signataires y disaient : « Un évêque, canoniquement institué, ne peut être destitué qu'en vertu d'une sentence juridiquement rendue, à la suite d'un procès dûment instruit ».

Nombre de prêtres et de fidèles se rallièrent aux *Réclamations* ; il se créa ainsi dans la France, et notamment en Bretagne, en Vendée, dans les Deux-Sèvres, le Mâconnais, le Dauphiné, le Lyonnais, le Forez et jusqu'au fond des Hautes-Alpes, un courant de résistance, entretenu par les évêques dépossédés, qui, quoiqu'en exil, étaient restés en rapport avec les fidèles de leurs diocèses.

Parmi ces évêques, les plus ardents à entretenir la résistance dans leur ancien clergé, furent Mgr de Coucy, ancien évêque de la Ro-

---

1 *Mémoire des Evêques Français résidant à Londres qui n'ont pas donné leur démission.* Londres, 1802.

2. *Réclamations canoniques et très respectueuses adressées par les Evêques soussignés à notre Très Saint-Père Pie VII, par la Providence Divine, Souverain Pontife, contre différents actes relatifs à l'Eglise Gallicane,* Londres, 1803.

chelle et de Poitiers, et Mgr de Thémines, ancien évêque de Blois, tous deux réfugiés en Espagne. Le premier écrivait à ses fidèles de Vendée : « Vous ne devez reconnaître d'autre autorité que la nôtre et celle des prêtres que nous avons revêtu de nos pouvoirs. »

Renseigné par les rapports du baron Dupin, préfet des Deux-Sèvres, Bonaparte ne tarda pas à se préoccuper de ces mouvements de résistance. Dès le mois de juin 1803, il écrit de Saint-Cloud, 18 prairial an XI, au citoyen Talleyrand :

« Je vous prie, citoyen ministre, de faire les démarches nécessaires, pour que MM. de Coucy, ancien évêque de la Rochelle, de Thémines, ancien évêque de Blois, et Gain de Montagnac, ancien évêque de Tarbes, qui se trouvent en Espagne, et viennent par des mandements séditieux, de chercher à troubler l'Etat, soient arrêtés et tenus au secret dans des couvents et dans les lieux de l'Espagne les plus éloignés de la France, *Bonaparte* [1] ».

Ces projets d'incarcération n'ayant pas eu de suite, sans doute parce qu'il répugnait au roi d'Espagne de faire arrêter des évêques Français, Bonaparte entra dans une violente colère. Il écrivit de nouveau au citoyen Talleyrand, lui

1. Correspondance de Napoléon, numéro 6796.

ordonnant d'arrêter immédiatement M. de Coucy et de le remettre à Bayonne entre les mains de la gendarmerie.

A l'arrivée du courrier extraordinaire, envoyé de Paris à Madrid, le roi d'Espagne, cette fois, se décida à l'action. Il dépécha près de MM. de Coucy et de Thémines, en résidence chez les Dominicains de Guadaljara, près de Tolède, un émissaire secret, avertissant les exilés des intentions de Bonaparte, et les dangers que pouvait amener pour son royaume leur résistance prolongée. Mais les prélats continuèrent, malgré ces avertissements, à inonder leurs anciens diocèses d'écrits attaquant l'ordre nouveau établi en France.

A cette nouvelle, le Premier Consul saisit cette plume, qui entre ses mains, ressemblait assez à une épée, et lança une troisième lettre priant le ministre de demander au gouvernement espagnol s'il voulait ou non, vivre en bonne intelligence avec lui : « Vous lui direz, que, s'il veut fomenter des troubles en France, il a affaire à un homme qui saura bien en porter en Espagne ; que j'attends que ces deux hommes soient arrêtés, que leurs papiers soient saisis et qu'ils me soient livrés... »

A cette troisième sommation, Charles IV et ses ministres prirent peur ; ils firent emprisonner les deux prélats. Bonaparte parut se contenter de cette demi-satisfaction.

En 1807, sur les instances de M. Emery et du cardinal Fesch, ils furent remis en liberté.

M. de Coucy resta en Espagne, alors que M. de Themines gagnait l'Angleterre, en 1810.

C'est à Londres qu'il publia l'année suivante sa brochure intitulée : *Projet de lettre commune aux fidèles dispersés de l'Eglise Gallicane.*

Si Bonaparte poursuivit les évêques exilés, la police du premier Empire n'inquiéta cependant pas les anti-concordataires de France.

Mais, aux Cent jours, Miot de Mélito, nommé commissaire extraordinaire dans la 12e division militaire (la Rochelle) crut devoir les signaler en haut lieu. Le 6 mai 1815, il informait le directeur général des cultes, Bigot de Préameneu « qu'un grand nombre de prêtres, dans la Vendée, forme un espèce de schisme religieux, sous le nom de Petite Eglise, qui ne reconnaît ni le Concordat, ni les Evêques nommés par l'Empereur et institués par le Pape. Ces dissidents ont des partisans, qu'il ne serait pas difficile d'arrêter, mais ce serait leur ménager le mérite de la persécution, qu'il faut éviter de leur donner. J'ai cru devoir vous communiquer ces détails afin que vous puissiez prendre à l'égard de ces prêtres les mesures que vous jugerez convenables dans les circonstances actuelles. » On eut sans doute, en haut lieu, des soucis plus pressants, car aucune suite ne fut donnée à l'affaire.

A la rentrée des Bourbons, la Petite Eglise éprouva une défection de cinq prélats, et en 1818, des 36 évêques protestataires, la mort n'avait laissé debout que MM. Vintimille, évêque de Carcassonne ; Amelot, évêque de Vannes ; Villedieu, évêque de Dijon, et de Thémines, évêque de Blois.

Le gouvernement de la Restauration ferma également les yeux sur une scission qui, au fond, n'était peut-être pas pour lui déplaire. Il se fit seulement tenir au courant de la situation par ses préfets : une lettre de la préfecture des Deux-Sèvres, datée du 19 avril 1826, annonça tout simplement au ministre des affaires ecclésiastiques « la mort d'un prêtre dissident qui exerçait à Courlay ». Ce prêtre n'était autre que le curé en titre de Courlay, l'abbé Texier, qui, bien que réfractaire et dissident, avait été laissé à la tête de sa paroisse, faute de prêtres en nombre suffisant pour pourvoir toutes les cures du diocèse.

La difficulté où l'on se trouva bientôt de recruter un clergé spécial mit rapidement obstacle au développement de la Petite Eglise. La

situation du prêtre anticoncordataire, non re-
tribué, n'avait rien, indépendamment de la
question de conscience, pour attirer les jeunes
prêtres sortant des séminaires concordataires.
Aussi, quand la mort vint enlever, les uns
après les autres, les prêtres anti-concordataires
et que le dernier survivant des membres de
l'épiscopat, M. de Thémines, fut mort en 1829,
les dissidents entourèrent leur mémoire d'un
culte filial, et ne cessèrent de poursuivre pour
les défunts leur réhabilitation devant Rome.

Privé de prêtres, le culte dégénéra fatale-
ment en cérémonies laïques, célébrées au gré
de tel ou tel dissident ; le lien d'origine entre
les différents groupes se relâcha peu à peu, et
bon nombre de fidèles, incapables de se priver
des secours et des consolations des sacrements,
rentrèrent insensiblement dans le giron de la
Grande Eglise, ne conservant de l'ancien état
que le rigorisme d'attitude et de pratiques com-
patible avec leur retour.

D'autres, le petit nombre, dans la Vendée,
le Mâconnais, le Dauphiné, à Lyon, persévé-
rèrent dans leur intransigeance. Ils continuèrent à communiquer avec le clergé voisin,
non soumis au Concordat français. C'est ainsi
que, vers 1852, ils remirent un dossier complet
de leurs *Réclamations* à l'archevêque de Flo-

rence qui en avait fait la demande. Une dizaine d'années après, ils entrèrent en pourparlers avec Mgr Franzoni, archevêque de Turin, que le gouvernement Sarde avait banni de son dio cèse et qui avait élu résidence à Lyon. Mais il ne paraît pas que ni l'un ni l'autre de ces deux prélats aient prêté un concours actif aux réclamants.

Lorsqu'en 1868 parut la bulle *Æterni Patris Unigenitus*, publiée par Pie IX, une sincère émotion fut ressentie dans les rangs des membres de la Petite Eglise et l'obstination de leurs espérances allait encore s'affirmer d'une façon formelle au Concile Œcuménique du Vatican.

Le successeur de Saint-Pierre convoquait tous les évêques du monde catholique à un Concile général, afin d'examiner d'un commun accord les diverses questions qui se rapportaient, disait la bulle « à la plus grande gloire de Dieu, à l'intégrité de la foi, ou salut éternel des hommes, au maintien de la discipline, à l'observation des lois ecclésiastiques et en vue d'adopter ensemble les remèdes les plus salutaires pour guérir les maux de l'Eglise ».

L'heure n'était-elle pas venue de déférer l'affaire de l'Eglise de France, suivant le mot de Mgr de Thémines, à tous les évêques assemblés ?...

En Vendée comme à Lyon, cette question fut immédiatement soulevée.

A la suite d'un échange de vue entre les divers groupes, les anticoncordataires décidèrent de présenter à la haute assemblée leurs communes doléances et leurs scrupules de conscience. Il fut entendu que deux délégués porteraient à Rome les *Réclamations canoniques* de 1803, avec un *Mémoire explicatif de la conduite des catholiques demeurés fidèles à la cause des anciens évêques*, qui serait adressé à chacun des membres du Concile œcuménique.

Le *Mémoire explicatif* devait renfermer une déclaration très explicite d'attachement à l'Eglise catholique, apostolique et romaine. Il devait en outre rappeler succinctement les événements qui touchent au Concordat de 1801 et exposer avec fidélité les considérations d'ordre supérieur qui avaient déterminé les évêques réclamants à refuser leur démission et à prescrire à leurs adhérents de rendre eux-mêmes témoignage aux principes développés dans les *Réclamations canoniques*, en s'abstenant de communiquer avec le nouveau clergé.

Un projet écrit en langue française fut rédigé avec l'assistance des anciens qui avaient été les témoins des événements ou qui en tenaient directement le récit des contemporains ; puis, afin d'être certain que ce mémoire exprimait avec certitude les sentiments de tous, lecture en fut donnée soit à Lyon soit en Vendée, dans des réunions spécialement convoquées dans ce but et sa rédaction ne devint définitive que d'un consentement unanime.

Une traduction très exacte du mémoire fut faite en langue latine, le texte devant être imprimé en français et en latin. Deux éditions furent faites, l'une, format in-folio, à quelques exemplaires seulement, destinée à recevoir les signatures des principaux membres de la Petite Eglise, et à être présentée au Pape et au secrétaire général du Concile ; l'autre, fort in-8, pour être distribuée aux membres du Concile.

Les deux délégués, chargés de porter les *Réclamations canoniques* à Rome, les Lyonnais Jacques Berliet et Marius Duc, en conférèrent préalablement avec Mgr Callot, évêque d'Oran, ancien curé de la paroisse du Bon Pasteur de Lyon, de passage dans cette ville, et lui communiquèrent le *Mémoire* qu'ils avaient mission de porter aux évêques assemblés.

Ce prélat, après avoir pris connaissance du *Mémoire*, approuva leur projet et leur promit son appui.

Arrivés à Rome dans les premiers jours de décembre 1869, les deux délégués se rendirent

au Vatican afin de solliciter une audience par-
ticulière du Saint-Père. Ils furent reçus par un
des secrétaires de Mgr Ricci, maître des cham-
bres, qui leur annonça que les audiences étaient
momentanément suspendues à cause des tra-
vaux préparatoires du Concile. Les deux délégués multiplièrent leurs démarches sans réus-
sir à obtenir une audience du Pape.

Les délégués français gardèrent sur leur
mission une prudente réserve; mais, ils eurent
la satisfaction d'intéresser à leur cause Mgr Ale-
xandre Bonnaz, évêque Hongrois, qui les
accueillit avec beaucoup de bonté et leur accorda
une longue audience. Il s'enquit avec soin de la
situation des adhérents au *Mémoire*, des motifs
de leur persévérance, des espérances qu'ils
fondaient sur la réunion du Concile œcuménique. Il promit aux Lyonnais d'étudier très
attentivement leur cause et d'en conférer avec
plusieurs de ses collègues ; enfin, il les recom-
manda d'une façon spéciale à Son Eminence le
cardinal de Rauscher, archevêque de Vienne.
Entre temps, ils furent autorisés à déposer entre
les mains de Mgr Fessler, évêque de Saint-Hyp-
polite (Autriche) et secrétaire général du Concile, deux exemplaires des *Réclamations canoniques* et du *Mémoire explicatif*; ils distribuèrent
en outre aux membres du Concile, malgré les

difficultés qu'ils éprouvèrent à se procurer leurs adresses, un millier d'exemplaires qu'ils avaient apportés dans ce but. MM. Berliet et Duc tenaient au courant de leurs démarches M. Paul Mainguet[1] de Mortagne (Vendée), le membre le plus influent du parti anticoncordataire dans sa région.

L'échec de la demande d'audience pontificale, la froideur de l'épiscopat français, les lenteurs du Concile à aborder la question, engagèrent les délégués à ne pas prolonger leur séjour à Rome. Après avoir consulté Mgr Callot, évêque d'Oran. ils résolurent de rentrer en France, aussitôt qu'ils auraient achevé la distribution des *Réclamations* et du *Mémoire* et terminé la série des visites qui leur étaient dictées par les convenances. Il fut convenu que Mgr Callot continuerait de s'occuper de leur cause auprès du Concile et les informerait en temps opportun des résultats obtenus; enfin, que dans le cas où des circonstances imprévues nécessiteraient des explications écrites, ou même. la présence à Rome des délégués, il se chargeait de les prévenir.

De retour à Lyon, les délégués attendirent le résultat de leurs démarches. Mais les semaines et les mois se succédèrent sans qu'aucun avis

---

1. M. Paul Mainguet est mort en 1885.

direct venu de Rome apprit aux fidèles de Lyon et de la Vendée que le Concile se fût occupé de leurs *Réclamations*.

Cependant, divers journaux de France faisaient allusion, de temps à autre, au *Mémoire* que la Petite Eglise avait envoyé à Rome, en publiaient des extraits, y ajoutaient des commentaires plus ou moins favorables, mais, pas un mot des évêques qui avaient promis leurs bons offices.

Ils résolurent donc d'écrire à l'évêque d'Oran pour lui rappeler cette affaire. Enfin, ils reçurent de ce prélat, quelques semaines après, une réponse qui leur apprit ce qui avait été fait.

« Le Concile, écrivait Mgr Callot, s'est occupé pendant plusieurs séances des Réclamations des évêques du 6 avril 1803, et de votre position. Huit ou dix évêques ont prononcé des discours favorables à votre cause ; celui de l'évêque de Luçon (Mgr Collet) a été une apologie chaleureuse... Votre conduite, non seulement n'a pas encouru le blâme, mais a reçu l'approbation générale de tous les pères du Concile. Deux seulement ont dit des choses pénibles contre vous : l'un, Mgr Deschamps, évêque de Malines, a demandé l'excommunication des pétitionnaires ; mais son discours a soulevé les murmures et la désapprobation de l'Assemblée. Bref, le

Concile a décidé qu'une lettre vous serait adressée en son nom, pour rendre hommage aux anciens évêques regardés comme les défenseurs de l'Eglise, et, puisque tous étaient morts, engager les réclamants à reconnaître, avec l'Eglise, le clergé concordataire, et à se réunir à lui ».

Mgr Callot avait ajouté : « Je ne sais quand et comment vous parviendra cette lettre, mais elle est décidée et devra vous être envoyée. »

La lettre formellement annoncée par l'évêque d'Oran ne fut jamais écrite ; le Concile, ajourné au 11 novembre 1870, ne se réunit plus, en raison des graves événements politiques survenus dans l'intervalle.

Depuis ce temps, la Petite Eglise a vécu, et les Vendéens et les Lyonnais qui signèrent le *Mémoire* présenté au Concile, persévèrent avec fermeté dans leur attachement aux principes défendus dans les Réclamations canoniques du 6 avril 1803.

Sans pasteurs, sans rien qui la rattache à un Ministère constitué, ni qui relie au moins entre eux les divers groupes anticoncordataires, la Petite Eglise vit sur les traditions que lui ont légués ses anciens. Elle compte aujourd'hui entre trois à quatre mille membres. On en trouve dans l'Ouest, dans le Dauphiné, l'Allier, le Mâconnais, la Nièvre ; ils se baptisent et se marient entre eux, et s'enterrent sans le concours d'aucun prêtre. A Argenteuil, près Paris, la résistance anticoncordataire se concentre dans un petit groupe de vignerons qui se réunissent régulièrement pour les cérémonies en commun. Aux Riceys (Aube), les dissidents viennent de renoncer aux réunions et aux cérémonies.

Dans la Vendée et les Deux-Sèvres, ils sont environ deux mille cinq cents. La Petite Eglise réunit encore aujourd'hui à Courlay (Vendée), un millier de fidèles dans une chapelle rebâtie à leurs frais, en 1872, et dont le dernier prêtre fut M. Ozouf. Ils ont en outre une grande chapelle à Cirières, une autre presque neuve au Puytareau, paroisse de Saint-André, une toute petite à Montigny, à Beaulieu, enfin une autre à Saint-Martin-l'Ars, dans le diocèse de Luçon, A Fontenay, des assemblées se tenaient chez un chaisier de la rue des Loges, qui est allé dévotement mourir à Courlay, en 1898.

Les offices du dimanche matin débutent par le chant du *Miserere* et du *De Profundis*. Puis, on commence l'office qui remplace la messe. Les chantres entonnent alors l'*Introït*, le *Kyrie*, le *Gloria*, le *Credo*, le *Sanctus*, l'*Agnus Dei* et la Communion. Les chants terminés, l'un des chantres donne lecture en français de l'Epitre et de l'Evangile ; cette lecture est accompagnée de réflexions. La confession se fait mentalement et la communion spirituellement. On récite ensuite un chapelet pour les âmes du Purgatoire, puis on termine par l'Angelus. Immédiatement après, commencent les Vêpres qui sont suivis des Complies. C'est alors que celui qui préside, annonce les fêtes de la semaine et les services pour les défunts. Le tout se termine par un deuxième chapelet.

A Lyon, il y a environ une centaine de familles, soit quatre à cinq cents personnes, fidèles à la Petite Eglise. Vers la fin de l'année 1893, une crise intérieure traversa l'existence de la Petite Eglise lyonnaise, et ses membres suivirent avec angoisse les péripéties du drame, autour duquel les journaux catholiques menèrent grand bruit. Le pape Léon XIII avait adressé une lettre aux anti-concordataires et M. Marius Duc, l'un des délégués au Concile de Rome, se rapprocha du catholicisme papal, tout en persévérant dans son assistance morale et effective à l'égard de ses anciens frères. « Il accomplit cet acte, dit Claudius Prost, simplement, sans qu'on ait exigé de sa part rien qui ressemble à une rétractation, à un désaveu de sa conduite passée [1] ».

A sa mort, survenue en 1895, ce fut M. Claudius Prost qui devint le chef de la Petite Eglise de Lyon. Professeur et écrivain distingué, M. Prost avait été de bonne heure distingué par les dissidents et c'est à lui qu'ils confiaient l'éducation de leurs enfants.

Il défendit ses idées avec toutes les ressources de l'érudition. En 1894, ayant lu un livre intitulé *La Petite Eglise ; essai historique sur le schisme anti-concordataire* [2] du Père Drochon, il crut de son devoir de réfuter cet ouvrage et il écrivit ses *Observations critiques*. Il discuta, avec des textes importants, les principes invoqués par le Père Drochon pour justifier le Concordat, mais surtout, il releva les erreurs accumulées par son adversaire dans la partie historique de son livre.

Aux allégations du Père Drochon, il opposait tantôt des textes précis, tantôt des démentis qu'il tenait des représentants mêmes, des familles mises en cause, tantôt des fragments de lettres inédites qui détruisaient les légendes mises en avant par le bon Père.

Ayant des scrupules d'historien, il termina

---

1. *Revue du siècle,* 1895, p. 256.
2. Paris, Librairie de la Bonne Presse.

ses *Observations critiques* [1] par cette fière déclaration : « Le livre du Père Drochon n'a aucune valeur historique. Le journalisme dont ce religieux semble faire aujourd'hui sa carrière, a introduit dans notre société contemporaine un esprit nouveau contre lequel il est nécessaire de se prémunir. On écrit aujourd'hui sans préparation et sur toutes sortes de sujets ; l'art de parler pour ne rien dire, ou, ce qui est plus grave, pour dire des choses dont on ne connaît pas le premier mot, a remplacé les fortes études et les recherches longues et patientes. Il est toujours facile de se faire journaliste ; il est impossible de se faire historien sans une préparation laborieuse et une parfaite honnêteté ».

Sa mort, survenue en Janvier 1903, fut une très grande perte pour les membres de la Petite Eglise. Il était une sorte de directeur spirituel dirigeant la petite communauté.

Aujourd'hui, les pratiques religieuses sont familiales, privées, fermées à toutes les curiosités. Les dimanches, les fidèles disent les prières de la messe en famille, toujours en français et suivant l'ancien rite lyonnais. Ils récitent

---

1. Les *Observations critiques* n'ont pas été imprimées, mais seulement autocopiées. Nous devons l'exemplaire que nous possédons à M. Pelletier, un des membres les plus érudits de la Petite Eglise.

ensuite dans le cours de la journée les divers offices de l'Eglise. Comme ils s'interdisent d'assister aux cérémonies du clergé concordataire, ils ne peuvent de tous les sacrements en administrer qu'un seul : le baptême, que les laïques ont le droit de conférer. La cérémonie civile du mariage est précédée de la récitation des prières d'usage dans la famille réunie

Les malades et les mourants sont visités par les chefs de la Dissidence. Aux enterrements, tous les assistants disent à la maison du défunt l'office des morts, et, au cimetière, les anciens récitent les prières de la sépulture.

Ne recrutant pas d'adhérents, les membres de la Petite Eglise ne sont pas destinés à s'accroître en nombre, mais à s'éteindre à échéance plus ou moins longue.

Ils n'en auront pas moins donné un grand exemple de vitalité, d'attachement à la discipline, et de fidélité à la cause de leurs anciens pasteurs et de l'Eglise Gallicane.

A la suite du vote de la séparation de l'Eglise et de l'Etat, nous sommes allé demander aux membres de la Petite Eglise si, le Concordat étant abrogé, ils allaient rentrer dans le giron de la Grande Eglise. L'un

des chefs du groupe Lyonnais M. Pelletier, nous a répondu que les anti-concordataires ne rentreraient dans l'Eglise que lorsque Rome aurait reconnu les torts commis à l'égard des évêques dépossédés de leurs diocèses en 1801. En conséquence, la Petite Eglise subsiste toujours.

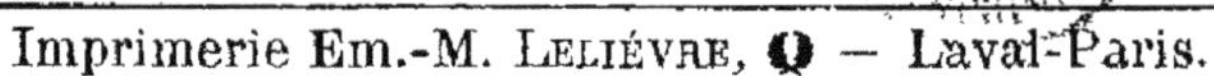

Imprimerie Em.-M. LELIÉVRE, ◖ — Laval-Paris.

REVEL (L.). L'Évolution de la vie et de la conscience du règne minéral aux règnes humain et surhumain, Paris, *L.* Bodin, éditeur, 1905. Un fort vol. in-12 broché,   3 fr. 50

Les conceptions bibliques, chrétienne et philosophique. L'énergie universelle. La vie suivant les physiologistes. Physiologie moléculaire et atomique. L'atome tourbillon d'énergie divine. La vie nirvânique. Tradition de la vie d'après les doctrines philosophico-religieuses-d'Orient et d'Occident. Le Dualisme. La Vie d'après les doctrines des Saint-Simoniens et de quelques philosophes humanitaires. Conceptions théosophiques sur la vie. L'évolution physique humaine. Les monades de Leibnitz, des jîvas des Hindous et les monades de la théosophie. L'évolution de la conscience d'après la psychologie théosophique. L'unité de conscience. L'immortalité conditionnelle et l'âme. Le Panthéisme, etc.

REVEL (L.) Les Mystiques devant la science, ou essai sur le Mysticisme universel, *Paris, L. Bodin, éditeur.* Un vol. in-12 broché.   2 fr.

Investigations scientifiques dans le mysticisme. Les mystiques devant les philosophes modernes, les philosophes éclectiques et les théologiens. Relations entre le mysticisme catholique, l'École d'Alexandrie et la tradition ésotérique de l'antiquité. Mysticisme musulman et hindou. Fond permanent des croyances mystiques, Unité, la Réincarnation, la Déification, la morale mystique. Débris de la tradition. Mystères gnostiques. Mystères des Bardes gallois. Credo ésotérique, etc.

ENGEL (L.). La Vallée des Bienheureux ou Le Sentier de la Vérité. Traduit de l'allemand par Gaston Revel. *Paris, L. Bodin, éditeur.* Un vol. in-12 broché.   1 fr.

Petit livre recommandé à tous ceux qui sont avides de progrès et recherchent la Vérité. Toutes les brûlantes questions de notre époque sont exposées et critiquées par une sorte d'*Initié*, qui a vu les *Maîtres de Sagesse* : il vient apporter au monde une philosophie antique et lumineuse en indiquant, dans un récit des plus suggestifs et des plus instructifs, le *Sentier* que chacun peut suivre pour devenir un véritable occultiste et un habitant de la *Vallée des Bienheureux*.

R. A. M. Résumé de la philosophie naturelle, *Paris, L. Bodin, éditeur.* Un vol. in-12, (*tableaux et figures*).   1 fr.

La base de la connaissance. Définition des substances. Résumé symbolique. La recherche du bonheur. Les quatre classes de l'amour. Tableau des sentiments. Accroissement de la volonté. La Voie de la Sagesse. L'escalier occulte. Constitution de l'homme. La grandeur de l'esprit humain. La prière, etc.

BENNETT (Edw T.). La société Anglo-Américaine pour les recherches psychiques Son origine, ses progrès. Aperçu de son œuvre, traduction et introduction de M. Sage. *Paris*, 1904, un vol. in-12, br. (figures).   1 fr. 50

Urgente nécessité en France d'une société de recherches psychiques. — Transfert de pensée ou télépathie. — Suggestion, hypnotisme, psychothérapie. — Le Moi subliminal. — Les apparitions de la hantise. — Preuves de l'existence d'intelligences autres que celles des « hommes vivants » et de la réalité d'une intercommunication. — etc.

REMOND (L.). Douze cent mille ans d'Humanité et l'âge de la Terre, expliquant l'évolution périodique des climats, des glaciers, et des cours d'eau par la variation continue de l'inclinaison de l'Axe, 2e *édition* augmentée d'un supplément contenant la discussion occasionnée par cet ouvrage, et l'application raisonnée d'une énigme astronomique aussi importante que curieuse, posée à Hérodote par les astronomes égyptiens. Un vol. in-12 et supplément.   3 fr. 50

Cet ouvrage est la solution claire et précise d'un grand problème scientifique posé depuis un siècle et devant lequel les savants les plus distingués ont été obligés de reculer. Les extensions glaciaires et celles des grands cours d'eau ne sont pas des accidents, mais des oscillations périodiques, et ces oscillations sont produites par la variation continue de l'inclinaison de l'axe terrestre.

SCHWAEBLÉ (René). Cours pratique d'Astrologie, méthode claire et facile pour l'érection de l'horoscope (figures et tableaux), 1 vol. in-12 carré, franco,   2 fr. 25

CATALOGUE de livres rares et curieux, relatifs aux *Sciences philosophiques, aux Religions comparées, au Psychisme, etc* ENVOYÉ SUR DEMANDE.

Imprimerie Em.-M. LELIÈVRE. — Laval-Paris.